上海市工程建设规范

国土空间生态修复基底调查技术标准

Technical standard for base investigation of land spatial eco-restoration

DG/TJ 08—2448—2024
J 17670—2024

主编单位：上海市建设用地和土地整理事务中心
批准部门：上海市住房和城乡建设管理委员会
施行日期：2024 年 10 月 1 日

同济大学出版社

2024　上海

图书在版编目(CIP)数据

国土空间生态修复基底调查技术标准 / 上海市建设用地和土地整理事务中心主编. --上海：同济大学出版社，2024.11. -- ISBN 978-7-5765-1305-9

Ⅰ. F129.9-65；X321.2-65

中国国家版本馆 CIP 数据核字第 2024FV1894 号

国土空间生态修复基底调查技术标准

上海市建设用地和土地整理事务中心　主编

责任编辑	朱　勇
责任校对	徐春莲
封面设计	陈益平

出版发行	同济大学出版社　www.tongjipress.com.cn
	(地址：上海市四平路1239号　邮编：200092　电话：021-65985622)
经　　销	全国各地新华书店
印　　刷	浦江求真印务有限公司
开　　本	889mm×1194mm　1/32
印　　张	2.75
字　　数	69 000
版　　次	2024年11月第1版
印　　次	2024年11月第1次印刷
书　　号	ISBN 978-7-5765-1305-9
定　　价	30.00元

本书若有印装质量问题，请向本社发行部调换　　版权所有　侵权必究

上海市住房和城乡建设管理委员会文件

沪建标定〔2024〕215 号

上海市住房和城乡建设管理委员会关于批准《国土空间生态修复基底调查技术标准》为上海市工程建设规范的通知

各有关单位：

　　由上海市建设用地和土地整理事务中心主编的《国土空间生态修复基底调查技术标准》，经我委审核，现批准为上海市工程建设规范，统一编号为 DG/TJ 08—2448—2024，自 2024 年 10 月 1 日起实施。

　　本标准由上海市住房和城乡建设管理委员会负责管理，上海市建设用地和土地整理事务中心负责解释。

上海市住房和城乡建设管理委员会
2024 年 4 月 30 日

前 言

根据上海市住房和城乡建设管理委员会《关于印发〈2022年上海市工程建设规范、建筑标准设计编制计划〉的通知》(沪建标定〔2021〕829号)的要求,由上海市建设用地和土地整理事务中心会同有关单位,经广泛调查研究,认真总结实践经验,参考有关国内先进标准,并在广泛征求意见的基础上共同编制了本标准。

本标准的主要内容有:总则;术语;基本规定;自然经济社会条件;景观格局;生物要素;环境要素及风险;生态系统服务;调查成果。

各单位及相关人员在本标准执行过程中,请注意总结经验,积累资料,并将有关意见和建议反馈至上海市规划和自然资源局(地址:上海市北京西路99号;邮编:200003;E-mail:guihuaziyuanfagui@126.com),上海市建设用地和土地整理事务中心(地址:上海市北京西路95号18楼;邮编:200003;E-mail:tdzlzx_sh@163.com),上海市建筑建材业市场管理总站(地址:上海市小木桥路683号;邮编:200032;E-mail:shgcbz@163.com),以供今后修订时参考。

主 编 单 位:上海市建设用地和土地整理事务中心
参 编 单 位:华东师范大学
　　　　　　　上海市地矿工程勘察(集团)有限公司
　　　　　　　上海市岩土工程检测中心有限公司
　　　　　　　上海市园林科学规划研究院
　　　　　　　上海市水利工程设计研究院有限公司
　　　　　　　上海勘察设计研究院(集团)股份有限公司

主要起草人: 夏　杰　　陆　衍　　刘　静　　孙彦伟　　邓　泓
　　　　　　宋　坤　　陈　敏　　孙瑞瑞　　郑思俊　　季永兴
　　　　　　王　蓉　　张　红　　仪小梅　　吴　萍　　陈雪初
　　　　　　董　楠　　张　浪　　戴雅奇　　闫玉玉　　刘　敏
　　　　　　杨　博　　陈　展　　唐春荧　　陈天慧　　黄海峰
　　　　　　陈大伟　　张　颖　　顾文怡　　沈婷婷　　苏令侃
　　　　　　李晓策
主要审查人: 曹林奎　　李秀珍　　王克强　　李　芸　　贾卫红
　　　　　　詹运洲　　贺　坤

上海市建筑建材业市场管理总站

目　次

1 总　则 ································ 1
2 术　语 ································ 2
3 基本规定 ····························· 5
　3.1 调查内容 ························ 5
　3.2 调查原则 ························ 6
　3.3 工作流程 ························ 6
4 自然经济社会条件 ················ 9
　4.1 一般规定 ························ 9
　4.2 自然地理条件 ··················· 9
　4.3 经济社会条件 ·················· 10
5 景观格局 ···························· 11
　5.1 一般规定 ······················· 11
　5.2 景观组分 ······················· 11
　5.3 生态安全格局 ·················· 12
　5.4 重要生境 ······················· 14
6 生物要素 ···························· 15
　6.1 一般规定 ······················· 15
　6.2 物种多样性 ···················· 15
　6.3 重要物种和典型生物群落 ······ 17
7 环境要素及风险 ···················· 19
　7.1 一般规定 ······················· 19
　7.2 环境要素 ······················· 19
　7.3 环境风险 ······················· 22

8 生态系统服务 ……………………………………………… 25
　8.1 一般规定 ………………………………………………… 25
　8.2 供给服务 ………………………………………………… 25
　8.3 调节服务 ………………………………………………… 26
　8.4 支持服务 ………………………………………………… 27
　8.5 文化服务 ………………………………………………… 28
9 调查成果 …………………………………………………… 29
　9.1 一般规定 ………………………………………………… 29
　9.2 调查报告 ………………………………………………… 29
　9.3 调查图件 ………………………………………………… 29
　9.4 调查数据库 ……………………………………………… 30
附录 A 生态修复基底调查体系 ………………………………… 31
附录 B 生态系统分类与用地用海分类标准对照表 ………… 33
附录 C 调查样表 ………………………………………………… 37
附录 D 农业面源污染指数计算方法 …………………………… 43
附录 E 调查成果大纲与格式要求 ……………………………… 45
本标准用词说明 ……………………………………………………… 55
引用标准名录 ………………………………………………………… 56
条文说明 ……………………………………………………………… 59

Contents

1 General provisions ··· 1
2 Terms ··· 2
3 Basic requirements ·· 5
   3.1 Survey content ······································ 5
   3.2 Survey principle ···································· 6
   3.3 Workflow ··· 6
4 Natural and socio-economic conditions ···················· 9
   4.1 General requirements ································ 9
   4.2 Physical geographical conditions ···················· 9
   4.3 Economic and social conditions ····················· 10
5 Landscape patterns ······································· 11
   5.1 General requirements ······························· 11
   5.2 Landscape components ······························· 11
   5.3 Ecological security patterns ······················· 12
   5.4 Crucial habitats ··································· 14
6 Biological elements ······································ 15
   6.1 General requirements ······························· 15
   6.2 Species diversity ·································· 15
   6.3 Important species and typical biomes ··············· 17
7 Environmental elements and risks ························· 19
   7.1 General requirements ······························· 19
   7.2 Environmental elements ····························· 19
   7.3 Environmental risks ································ 22

8	Ecosystem services	25
	8.1 General requirements	25
	8.2 Supply services	25
	8.3 Regulating services	26
	8.4 Support services	27
	8.5 Cultural services	28
9	Investigation results	29
	9.1 General requirements	29
	9.2 Investigation reports	29
	9.3 Survey maps	29
	9.4 Survey databases	30

Appendix A Base survey system for ecological restoration 31
Appendix B Comparison table of ecosystem classification and standard classification of land and sea ... 33
Appendix C Sample tables of investigation 37
Appendix D Calculation method of agricultural non-point source pollution index 43
Appendix E Content and format requirements of survey results 45
Explanation of wording in this standard 55
List of quoted standards 56
Explanation of provisions 59

1 总　则

1.0.1 为规范引导国土空间生态修复基底调查工作，提升国土空间生态修复项目的精准性和科学性，制定本标准。

1.0.2 本标准适用于本市开展的各类国土空间生态修复项目，包括全域土地综合整治项目、郊野公园建设项目、山水林田湖草沙一体化保护和修复工程项目等。其他相关生态保护修复工程的生态修复基底调查，可参照执行。

1.0.3 生态修复基底调查除应符合本标准外，尚应符合国家、行业和本市现行有关标准的规定。

2 术 语

2.0.1 生态修复基底调查 base investigation for ecological restoration

基于"自然-经济-社会"复合生态系统理论认知,以镇域尺度生态空间、农业空间和城镇空间为调查对象,以生态系统为基本单位或基本单元,以自然社会经济条件、景观格局、生物要素、环境要素及风险、生态系统服务等为内容开展的综合性调查,是国土空间生态修复项目的前期工作。

2.0.2 景观格局 landscape pattern

景观的空间格局,是大小和形状各异的景观要素在空间上的排列和组合,包括景观组成单元的类型、数目及空间分布与配置,对维护区域生态安全和生态系统质量具有基础支撑作用。

2.0.3 生态安全格局 ecological security pattern

依据景观格局与过程的互馈作用,以生态过程为主导,综合考虑区域内各类生态要素的整体性与协调性,判定和构建的对维护区域生态系统结构和过程完整性、维持正常生态功能起关键作用的景观格局,即调查区域中对维护区域生态安全具有重要作用的一级生态系统斑块、基质和廊道等要素时空配置形成的镶嵌格局。

2.0.4 生态源地 ecological source

在维持生态功能及生态过程中具有重要意义的一级生态系统(斑块),不仅是本地物种的重要栖息地,也是维持生态系统服务、保障其完整性与连通性,并提供给人类生产生活丰富产品的重要区域。

2.0.5 生态廊道 ecological corridor

也称生物廊道,指在生态环境中呈线性或带状布局、沟通连接空间分布上较为孤立和分散的生态单元的生态空间类型，是物种扩散、迁移和交换的通道。

2.0.6　生态夹点　ecological pinch point

生态廊道上不可替代性较高的高连通性区域，是区域生态保护优先区。

2.0.7　生态障碍点　ecological obstacle point

物种在生态斑块间运动受到阻碍的区域，是生态修复优先区。

2.0.8　重要物种　important species

调查区域中对维护生态系统结构稳定性和生态服务功能可持续性具有关键作用的动物和植物，包括重点保护物种、关键物种、珍稀物种。

2.0.9　景观组分　landscape element

构成地球表面相对同质的生态要素或单元，包括三种基本类型：斑块（生态系统）、廊道和基质。

2.0.10　景观粒度　landscape granularity

可辨识的二级生态系统单元的最小特征长度，即景观栅格图像分辨率。

2.0.11　景观连通性　landscape connectivity

为生态系统单元在空间结构上的联系，可从生态系统大小、形状、距离、是否存在廊道得到反映。

2.0.12　景观生态质量　landscape ecological quality

景观生态系统维持自身结构与功能稳定性的能力，即景观生态系统的稳定性。

2.0.13　重要生境　crucial habitats

具有重要生态功能的生境，包括生境热点、两栖类重要栖息地等。

2.0.14　生境热点　habitat hot-spot

调查区域内二级生态系统类型丰富且具有重要生态功能的

区域。

2.0.15 两栖爬行类生境连通性 amphibians habitat connectivity

对两栖爬行类动物生境网络中的栖息地景观类型在空间结构连续性和生态过程便利性的量度。

2.0.16 环境要素 environmental element

支撑生态系统运行的环境,包括自然环境要素和污染环境要素。

3 基本规定

3.1 调查内容

3.1.1 生态修复基底调查应全面调查，掌握项目实施前区域的自然本底与生态环境状况，识别生态与环境问题，为国土空间生态修复工程规划设计、实施及成效评估提供第一手资料。

3.1.2 生态修复基底调查应基于项目区域自然地理格局，按照调查单元查明自然经济社会条件、景观格局、生物要素、环境要素及风险、生态系统服务等目标层调查内容，并根据生态空间、农业空间和城镇空间三类国土空间的空间特征明确调查指标，分析存在的生态系统结构受损、功能退化、空间格局失衡，以及自然资源开发利用不合理等方面的具体问题，形成详实调查报告和数据成果。生态修复基底调查内容体系及指标见附录 A。

3.1.3 调查单元划分应符合下列规定：

1 调查单元按照陆域生态系统类型划分，分为一级生态系统和二级生态系统两个层级。

2 一级生态系统类型包括 9 类：农田、园地、森林、草地、湿地、水域、村庄、城镇、其他。

3 二级生态系统类型应在一级生态系统类型基础上细分。

4 一级生态系统、二级生态系统与用地用海类型的对应关系见附录 B。

3.1.4 调查范围与尺度应符合下列规定：

1 按照山水林田湖草沙整体保护、系统修复、综合治理的要求，统筹考虑工程范围内自然地理单元的整体性和连续性，生态系统的完整性和关联性。

2 调查区域应涵盖拟实施的国土空间生态修复项目区域，适当拓展到实施范围以外的影响区域。

3 景观组分和生态安全格局应扩展到街（镇）域尺度，生物要素和环境要素及风险、生态系统服务在项目区内调查。

3.2 调查原则

3.2.1 系统性原则。从国土空间规划和乡村历史风貌视角调查审视整治区域生态功能定位和保护修复目标，从景观尺度调查解析区域生态结构、格局和功能以明确生态保护修复关键区域，从群落/栖息地尺度调查解析区域生态质量和生物多样性水平，从生态胁迫视角调查解析影响生态系统稳定性和持续性的自然环境要素和人类干扰风险。

3.2.2 针对性原则。应基于调查区域自然经济社会条件，以景观格局调查总体框定调查区域景观组分、生态安全格局，并针对生态源地、生态廊道、生态夹点以及生态障碍点等重要区域开展生物要素和环境要素调查。

3.2.3 经济性原则。应广泛收集自然经济社会资料，特别是针对性收集政府各部门现有各类资料如气象监测资料、土壤（水）环境普查资料和详查资料、农业生产统计资料、农村生活统计资料、林业（含湿地）资源普查资料等，在以上现有资料数据缺失或超过5年的应进行野外补充调查。

3.3 工作流程

3.3.1 对资料进行整理归档，初步分析应收集国土空间生态修复项目所在街道（乡镇）和区行政辖区内的自然经济社会资料。

3.3.2 调查实施方案应符合下列规定：

1 应根据调查目的、任务和要求，分析现有资料，确定内外业调查任务，编制调查实施方案。

  2 实施方案应包括调查区域、调查内容、调查时间、调查样线、调查方式及采样方案等内容。

  3 实施方案应经专家评审论证后实施。

3.3.3 现场调查应采取现场踏勘普查、重点区域调查、样地/样线详查等方式，点（观测点、采样点、验证点）、线（剖面、测线）、面（卫星或航空遥感）相结合。

3.3.4 现场调查后应根据需要对检测指标进行实验室分析。

3.3.5 调查成果应符合下列规定：

  1 对调查结果进行分析评价应明晰调查区域主要生态问题，明确生态问题发生和变化的关键区域，初步判定调查区域整治与修复方向。

  2 调查报告、图件及成果数据应按照调查成果要求形成。

  3 调查成果应经专家评审论证后提交。

3.3.6 调查工作流程见图3.3.6。

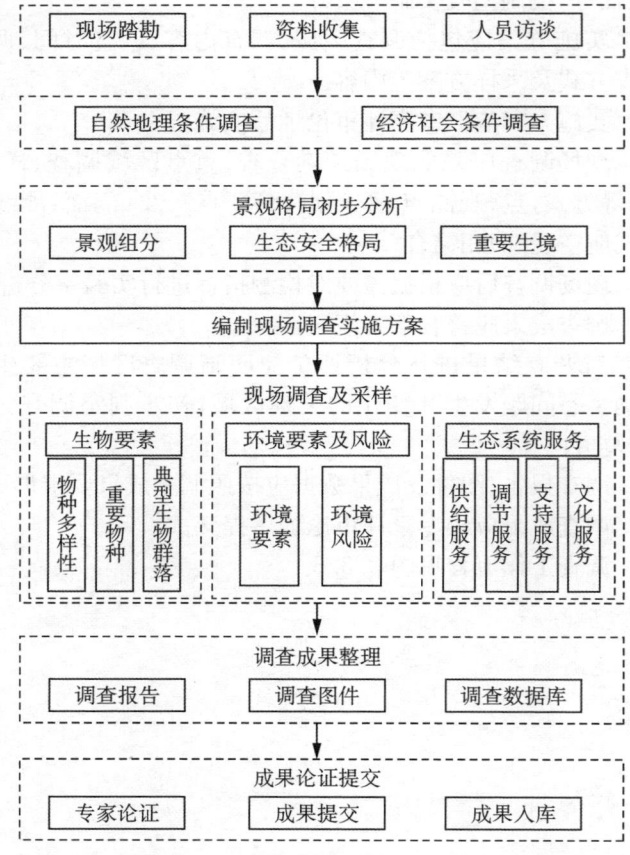

图 3.3.6 生态修复基底调查工作流程图

4 自然经济社会条件

4.1 一般规定

4.1.1 自然经济社会条件调查应通过资料收集与调查初步分析区域自然地理格局、自然灾害风险,了解区域土地利用现状、区域人文风貌、经济概况、农业农村发展情况以及现存的生态问题等。

4.1.2 调查范围应以调查区域所在自然地理边界如水域或交通道路自然阻隔为调查边界,并兼顾调查区域所在区、镇行政边界。

4.1.3 收集的资料、调查数据等应为生态修复基底调查开展时点的地方统计年鉴、国民经济与社会发展统计公报以及尚在规划年限内的规划。

4.2 自然地理条件

4.2.1 自然地理调查应收集区域地形地貌、地质、地表水系、气象与历年灾害以及绿化林业资源等相关资料。

4.2.2 收集的地形地貌数据宜包括地貌类型、地形特征、地面高程、坡向坡度等。

4.2.3 收集的地质及土壤数据宜包括地层、地质构造、含水层(浅部)、地下水埋深、土层渗透性、土壤类型、土壤肥力、土壤环境质量、耕地质量等级等。

4.2.4 收集的调查区域地表水系情况宜包括径流深、洪水位、常水位(潮位)、除涝最高控制水位、枯水位、水质特征、驳岸类型、水利片区、圩区等,形成河道(湖泊)特性表(样表见附录C中表C.0.1)并绘制区域水系图。

4.2.5 收集的区域气象资料与历年灾害情况宜包括区域气候类型、多年平均气温、年平均气压、年蒸发量、年平均相对湿度、年降雨量、平均风速与主导风向等,宜重点说明当地涝灾、旱灾等极端气候条件。

4.2.6 收集的区域绿化林业资源数据宜包括绿化林业概况统计,绿地、林地和湿地图斑分布,主要资源生态系统服务价值评估等。

4.3 经济社会条件

4.3.1 经济社会调查应收集区域人口与产业、规划、乡村风貌文化、农业生产生活等相关资料。

4.3.2 应调查区域人口与产业等情况,重点关注人口数量及密度结构、就业与工资、国民经济核算、人民生活情况、城市建设情况,以及修复区域的产业形态、主导产业及其布局、重要基础设施布局及建设情况等。

4.3.3 应收集区域相关规划资料,重点关注调查区域生态功能定位、分区、生态指标等情况。

4.3.4 应调查区域所在乡村风貌文化情况,重点关注文化圈层可能存在的乡村历史文化资源(如人文景观、文化敏感区、特色民风民俗、农村生活环境、基础设施、历史文化建筑及乡土特色建筑等),分析调查区域自然环境及村落空间格局及人地关系情况。

4.3.5 应调查区域农业生产生活情况,重点关注作物类型和播种面积、农作物种植制度、禽畜水产养殖面积和产量,养殖尾水处理、农药化肥和有机肥使用量,有机废弃物的种类、数量及资源化利用比例,生活污水收集、处理方式和比例等,形成农业农村调查数据表(样表见附录C中表C.0.2),并将调查区域内作物种类、畜禽以及水产养殖产量、农药化肥和有机肥使用量标注在土地利用现状图上。

5 景观格局

5.1 一般规定

5.1.1 景观格局调查应明确区域景观生态格局现状特征,应诊断生态系统受损退化程度、景观格局连通性、生态安全质量及鉴定识别其影响因素、存在的主要问题等。

5.1.2 景观格局调查应衔接上位规划的生态空间布局。

5.1.3 景观格局调查应以第三次国土调查成果为基础,结合2年内卫星遥感或低空遥感影像数据、历史数据和现状勘测与调查。

5.1.4 宜以先景观组分再生态安全格局的次序开展调查。

5.1.5 景观格局调查应以一级生态系统类型为调查单元。

5.2 景观组分

5.2.1 景观组分调查内容应包括一级生态系统类型、植被覆盖及不透水面覆盖3项。

5.2.2 土地利用数据应以国土调查数据为基础,辅以低空遥感影像数据、现状勘测与调查,按照一级生态系统制作调查区域一级生态系统类型图。

5.2.3 植被覆盖应以国土调查数据计算,并结合低空遥感影像或地面调查以确定一级生态系统内主要植物组成。调查应形成植被覆盖图。

5.2.4 不透水面覆盖率应以第三次国土调查数据计算,按照下式进行:

$$ISA = (L_{06} + L_{07} + L_{08} + L_{09} + L_{10} + L_{11}) \times 0.7/T$$
(5.2.4)

式中：ISA 为不透水面覆盖率；$L_{06} \sim L_{11}$ 分别为商业服务业用地、工业用地、住宅用地、公共管理与公共服务用地、特殊用地和交通运输用地的面积（m^2）；T 为所有土地利用类型的面积之和（m^2）；0.7 指各用地附属绿地的面积不低于单位用地面积的 30%。

5.3 生态安全格局

5.3.1 生态安全格局调查诊断内容应包括生态源地识别、阻力面构建、生态廊道识别、生态夹点和生态障碍点识别等，并绘制生态安全格局图。

5.3.2 景观粒度应小于 60 m，应由土地利用现状矢量数据栅格化后重采样或其他卫星、航空、无人机遥感数据提取并栅格转换获得。

5.3.3 生态源地应采取直接识别和间接识别两种方法来确定。

 1 直接识别应将调查区域内的生态保护红线范围、自然保护核心区、面积大于 10 hm^2 的林地斑块、湿地斑块和空间上具有连续性的水域斑块作为生态源地。

 2 间接识别应在直接识别的基础上，采用景观连通性分析和生境质量评估方法进一步识别出生态源地。通过景观连通性分析和生境质量评估提取重要斑块，将二者结果等权重叠加为极重要、重要、一般重要与不重要四个等级斑块，选取极重要斑块和重要斑块作为生态源地。斑块等级划分应采用自然断点法。

5.3.4 景观连通性应采用连通性指数（PC）和斑块重要性指数（dPC）进行分析，计算公式如下：

$$PC = \sum_{i=1}^{n} \sum_{j=1}^{n} a_i \cdot a_j \cdot P_{ij}^* / A_L^2 \quad (5.3.4\text{-}1)$$

式中：n 为区域斑块数量；a_i 和 a_j 分别为斑块 i 和 j 的面积；A_L 为区域总面积；P_{ij}^* 为斑块 i 和 j 连通的概率。

$$dPC(\%) = (PC - PC_{\text{remove}})/PC \times 100 \quad (5.3.4\text{-}2)$$

式中：PC 为整个研究区域的可能连通性；PC_{remove} 为剔除某斑块后整个调查区域的可能连通性。

5.3.5 景观生态质量应采用生境质量表征分析不同一级生态系统的生物生存繁衍适宜程度以及威胁程度，计算公式如下：

$$Q_{xj} = H_j[1 - D_{xj}^2/(D_{xj}^2 + k^2)] \quad (5.3.5)$$

式中：Q_{xj} 为一级生态系统类型 j 中栅格单元 x 的景观生态质量；D_{xj} 为一级生态系统类型 j 中栅格单元 x 的胁迫程度；H_j 为一级生态系统类型 j 的景观生态适宜度；k 为半饱和常数，为 0.5。

5.3.6 生态廊道应以生境质量反比作为调查区域阻力面，选取 50 m 阈值宽度，通过计算物种在运动过程中沿某一路径迁移扩散概率的大小进行识别，计算公式如下：

$$I = V/R \quad (5.3.6)$$

式中：I 为物种沿某一路径迁移扩散的概率；V 为预测物种离开任意一个生态"源"并成功到达下一个给定"源"的可能概率；R 为景观阻力，阻力值越大，表明该类景观对物种运动或基因交流的阻碍能力越强。

5.3.7 生态夹点应在生态廊道识别基础上选取物种迁移扩散概率值排名（从大到小）前 30% 的区域。

5.3.8 生态障碍点应通过计算整个景观面中移除某一区域后连通性恢复值的大小来判别，计算公式如下：

$$LCD' = CWD_{1\min} + CWD_{2\min} + (L \times R') \quad (5.3.8)$$

式中：LCD' 为将障碍移除后的最小成本距离；$CWD_{1\min}$ 和 $CWD_{2\min}$ 分别为窗口至两个源地的最小累积阻力值；L 为移动窗

口的长轴长度;R'为窗口新阻力值。

5.4 重要生境

5.4.1 重要生境调查应包括生境热点和两栖爬行类生境连通性调查,调查应形成生境热点分布图、两栖爬行类空间分布及生境连通性图。

5.4.2 生境热点应将调查区域划分为 100 m×100 m 的网格,汇总计算网格内二级生态系统类型总数并赋值,赋值为 100 的网格为生境热点。赋值规则如表 5.4.2 所示。

表 5.4.2 评估区域内二级生态系统类型数量赋值

二级生态系统类型(个数)	赋值
五种	100
四种	80
三种	60
两种	40
一种	20

5.4.3 对两栖爬行类的生境连通性进行调查,应符合下列规定:

1 分析调查区域内不同地类的空间格局应基于二级生态系统类型。

2 生境连通性的最佳景观粒度应采用粒度反推法确定。

3 生境连通性应分析面积与边缘指标、聚集指标、形状指标、面积与边缘指标、多样性特征指标等景观指数。

4 区域结构连通性程度应采用综合连接度指数(IIC)和连通性概率指数(PC)表征。

6 生物要素

6.1 一般规定

6.1.1 生物要素调查应掌握研究区主要生物类群的物种多样性现状及其生境特征,识别主要生态问题,提出以生态修复和生物多样性保护为导向的规划设计建议。

6.1.2 生物要素调查应以一级生态系统为调查单元,以二级生态系统为基本调查单位。

6.1.3 生物要素调查应包括物种多样性调查、重要物种调查和典型生物群落调查。

6.2 物种多样性

6.2.1 物种多样性调查应包含陆生维管束植物、水生维管束植物、鸟类、两栖类和大型底栖动物,必要时可增加爬行类、昆虫、大中型土壤动物、鱼类、浮游植物和浮游动物等生物类群调查。

6.2.2 调查样点布设应符合下列规定:

 1 调查样点应覆盖调查区域所有一级生态系统类型,以及生态安全格局调查识别的生态源地、生态夹点、生态障碍点和生境热点等区域。

 2 调查样点密度不应低于每 20 hm^2 一个样点,有重要动植物物种分布的生境宜加密布点;布点方式宜采用分层随机取样法。

 3 调查样点应符合下列规定:

  1) 面积不应小于 1 hm^2。

2) 样点所处一级生态系统类型面积不足 1 hm² 应按实际面积调查。
3) 河流应在调查区域村级及以上的水系设置调查河段,深泓水深小于 5 m 的河流(小河),调查河段长度应为 40 倍水面宽度,最大不超过 1 km;深泓水深不小于 5 m 的河流(大河)采用固定长度法,长度应为 1 km;每个河段作为 1 个调查样点。

6.2.3 物种多样性调查应依据不同生物类群特点选择相应的调查方法,记录出现的物种名称、调查线路轨迹或采样点位置。调查方法应符合表 6.2.3 的相关规定,调查样表详见附录 C 中表 C.0.3-1~表 C.0.3-10。应根据调查结果形成物种多样性名录,名录样表详见附录 C 中表 C.0.4。

表 6.2.3 物种多样性调查方法和引用技术标准

	调查对象	调查方法	引用标准
植物	陆生维管束植物▲	资料收集 样线法 样方法	现行行业标准《生物多样性观测技术导则 陆生维管植物》HJ 710.1
	水生维管束植物▲	资料收集 样方法	现行行业标准《生物多样性观测技术导则 水生维管植物》HJ 710.12
	浮游植物△	定性采样法 定量采样法	现行行业标准《淡水浮游生物调查技术规范》SC 9402
动物	鸟类▲	样线法 样点法	现行行业标准《生物多样性观测技术导则 鸟类》HJ 710.4
	两栖类▲	样线法	现行行业标准《生物多样性观测技术导则 两栖动物》HJ 710.6
	爬行类△	样线法	现行行业标准《生物多样性观测技术导则 爬行动物》HJ 710.5
	昆虫△	样线法 样方法	现行行业标准《生物多样性观测技术导则 蝴蝶》HJ 710.9 现行行业标准《生物多样性观测技术导则 蜜蜂类》HJ 710.13

续表6.2.3

调查对象		调查方法	引用标准
动物	大中型土壤动物△	样方法	现行行业标准《生物多样性观测技术导则 大中型土壤动物》HJ 710.10
	鱼类△	渔获物调查法 网捕法	现行行业标准《生物多样性观测技术导则 内陆水域鱼类》HJ 710.7
	大型底栖动物▲	定性采样法 定量采样法	现行行业标准《生物多样性观测技术导则 淡水底栖大型无脊椎动物》HJ 710.8
	浮游动物△	定性采样法 定量采样法	现行行业标准《淡水浮游生物调查技术规范》SC 9402

注："▲"表示必选;"△"表示可选。

6.2.4 调查时间和频次应符合下列规定：

1 调查时间与频次应依据调查对象的生物学习性和季节变化确定,并综合考虑国土空间生态修复项目的实际情况。

2 陆生维管束植物应至少调查1次,以秋季为宜。

3 水生维管束植物和大型底栖动物应至少调查1次,在植物生长的旺盛期调查。

4 鸟类应至少调查2次,以春、秋季为宜。

5 两栖类应至少调查1次,以5月—7月为宜。

6 其余生物类群应根据实际需求安排。

6.3 重要物种和典型生物群落

6.3.1 重要物种调查应包含珍稀濒危生物、国家保护生物、古树名木以及外来入侵物种。

6.3.2 重要物种调查应明确其数量和分布,记录个体数量、种群结构、空间分布特征和生境特征,包括光温水土等环境因子和相关的生物因子,并绘制重要物种空间分布图;分布图应体现重要物种所在地理位置、数量、保护等级或入侵危害等信息。

6.3.3 针对调查区域内具有特定外貌和物种组成、反映区域自然环境和人为生产活动的生态系统,包括湿地、森林、农田等,应选取典型生物群落开展进一步调查。

6.3.4 典型生物群落调查应依据生物群落特点确定样方大小和重复数量,记录样方内物种组成、群落结构、生境特征以及地理位置等信息,并绘制群落分布图。

7 环境要素及风险

7.1 一般规定

7.1.1 应识别调查区域中的环境要素和环境风险。环境要素应包括土壤、地表水、地下水的理化性质和环境质量,环境风险应包括农业面源污染、农村废水(生活污水)风险和工业源风险。

7.1.2 环境要素调查及风险识别应按照下列要求:

　　1 以一级生态系统为调查单元,以二级生态系统为基本调查单位。

　　2 当风险来源于调查区域之外时,应适当扩展调查范围。

7.1.3 调查方式应按照下列要求:

　　1 采用资料收集与现场调查结合的方式。

　　2 资料收集应充分收集自然资源、生态环境与农业农村部门或其他部门发布的与本调查相关的调查报告、工作报告等。

　　3 现场调查应在充分收集资料的基础上,根据初步判断的风险类型和区域采取针对性调查。

7.2 环境要素

7.2.1 调查布点应与生物要素调查点位布设一致,可根据国土空间生态修复项目需求加密布点。

7.2.2 调查内容应包括土壤、地表水和地下水等自然环境本底条件及其污染环境状况,应形成土壤环境样点图、地表水水质分布图、地表水监测断面分布图、地下水水质监测点分布图等图件。

7.2.3 现场调查宜采用资料收集、无人机或卫星遥感遥测、钻孔取样与实验室分析等。

7.2.4 调查时间和频次应符合下列要求：

1 应至少开展一次现场调查。

2 农田、园地采样宜在上茬作物成熟或收获以后，下茬作物尚未施用底肥和种植以前采集。

3 采样时间应避开雨季。

4 土壤、地表水、地下水环境质量调查应同期开展。

7.2.5 土壤环境调查应符合下列规定：

1 样品采集

1）农田、草地采样深度应为 0~20 cm 表层土壤，园地、森林采样深度应为 0~60 cm 土壤，村庄、城镇采样深度应为 0~600 cm 土壤。

2）表层土壤样品可使用铁铲、铁镐、土刀、竹铲、竹片等工具直接采取样品。测定重金属的样品，应使用竹铲、竹片直接采取样品或用铁铲、铁镐挖掘后，用竹片刮去与金属采样器接触部分后取样。

3）下层土壤的采集宜采用钻孔取样或槽探方式，应符合现行行业标准《建设用地土壤污染风险管控和修复监测技术导则》HJ 25.2 的规定。

4）土壤样品的保存与流转应符合现行行业标准《土壤环境监测技术规范》HJ/T 166 的规定及各检测因子检测方法的要求和规定。

2 检测指标

1）土壤理化检测指标应包括土壤类型、含水量、团粒结构、pH、速效氮、有效磷、速效钾、有机质等。

2）农田、园地、森林、草地检测指标应符合现行国家标准《土壤环境质量 农用地土壤污染风险管控标准（试行）》GB 15618 的规定。

3）村庄、城镇检测指标应符合现行国家标准《土壤环境质

量　建设用地土壤污染风险管控标准(试行)》GB 36600 的规定。

  3 送检及检测结果分析

   1）样品应送到有资质的实验室检测。

   2）农田、园地、森林、草地检测结果分析应符合现行国家标准《土壤环境质量　农用地土壤污染风险管控标准(试行)》GB 15618 的规定。

   3）村庄、城镇检测结果分析应符合现行国家标准《土壤环境质量　建设用地土壤污染风险管控标准(试行)》GB 36600 的规定。

7.2.6 地表水环境调查应符合下列规定：

 1 样品采集

  1）调查样点位置宜与水生生物调查点位一致，根据调查区域自然地理特点在调查区域外部增设水质监测断面。

  2）垂线上取样点的布设、采用方式等应符合现行行业标准《地表水环境质量监测技术规范》HJ 91.2 的规定。

 2 检测指标

  1）地表水理化性质指标应包括水体透明度、pH、溶解氧、高锰酸盐指数、COD、BOD、氨氮、总氮、总磷、叶绿素 a。

  2）特殊水质指标可根据调查区域特点、水域类别选择。

 3 送检及检测结果分析

  1）样品应送到有资质的实验室检测。

  2）地表水检测分析应符合现行国家标准《地表水环境质量标准》GB 3838 的规定。

  3）地表水环境质量评价应根据调查水域功能类别选取相应类别标准，进行单因子评价，评价结果应说明水质达标情况，超标的应说明超标指标和超标倍数。

7.2.7 地下水环境调查应符合下列规定：
 1 样品采集
  1） 监测井的建设应包括设计、钻孔、过滤管和井管的选择安装、滤料的选择和装填、封闭、固定，建设方法应符合现行行业标准《地下水环境监测技术规范》HJ/T 164 的规定。
  2） 地下水水样采样方法应符合现行行业标准《地下水环境监测技术规范》HJ/T 164 的规定。
 2 检测指标
 检测指标应符合现行国家标准《地下水质量标准》GB/T 14848 的规定。
 3 送检及检测结果分析
  1） 样品应送到有资质的实验室检测。
  2） 单次地下水质量评价分析应符合现行国家标准《地下水质量标准》GB/T 14848 的规定。

7.3 环境风险

7.3.1 农业面源污染风险调查应符合下列规定：
 1 调查宜选在耕作、施肥等农事活动密集时期。
 2 农田区域污染风险识别应以一级生态系统为识别单元，指标体系见表 7.3.1。

表 7.3.1 农田区域农业面源污染风险识别指标体系及参考权重

一级指标		二级指标	
指标名称	指标权重	指标名称	指标权重
肥料强度指数	0.54	氮肥强度指数	0.27
		磷肥强度指数	0.27
土壤地形植被指数	0.16	年植被覆盖度	0.04
		降雨侵蚀指数	0.05

续表7.3.1

一级指标		二级指标	
指标名称	指标权重	指标名称	指标权重
土壤地形植被指数	0.16	坡长坡度指数	0.05
		土壤可侵蚀性指数	0.04
消纳指数	0.30	水田滞留指数	0.20
		水体容纳指数	0.10

3 农业面源污染风险指数应按照一级生态系统类型单元计算，计算公式如下：

$$A = \sum W_i \times I_i \tag{7.3.1}$$

式中：A 为农业面源污染风险指数；W_i 为第 i 个风险指标在指标体系中的权重值，范围为 0~1；I_i 为第 i 个指标的赋值，i 为指标体系中的指标。各指数的计算方法见附录 D。

4 按照一级生态系统类型单元将各个级别农业面源污染风险指数数值范围赋予 1 分~5 分，即：无风险赋 1 分，风险指数≤0.7；低风险赋 2 分，风险指数范围为 0.7~1.0；中风险赋 3 分，风险指数范围为 1.0~3.0；高风险赋 4 分，风险指数范围为 3.0~5.0；极高风险赋 5 分，风险指数≥5.0。

5 其他类型农业面源污染应按照现行行业标准《流域农业面源污染监测技术规范》NY/T 3824 的规定调查污染源输出负荷。

7.3.2 农村废水（生活污水）风险应调查区域内居民日常生活，包括粪便、淋浴、餐厨、洗涤等产生污水情况，调查此类废水收集处理措施、产生量、排放量；污水排放口在调查区域范围内的，应调查排放口位置、排放量、纳管情况、受纳水体名称等。

7.3.3 工业源风险应调查区域内独立设置的工厂、车间、生产基地、工业区、工业园区的中心经纬度坐标、位于调查区域内的面积、相关审批手续情况、历史沿革及是否发生过安全生产、威胁环境质量等事件的其他需要特别说明的情况,并对工业源机构,对其污染物产生、排放、治理等进行调查登记。

7.3.4 环境风险调查应最终形成农业面源污染风险识别图、农村废水(生活污水)风险识别图和工业源风险识别图等图件。

8 生态系统服务

8.1 一般规定

8.1.1 生态系统服务应包括供给服务、调节服务、支持服务和文化服务。

8.1.2 生态系统服务以一级生态系统为调查单元，以二级生态系统为基本调查单位。宜以调查区域所在自然地理边界为调查边界，并兼顾保持调查区域所在行政辖区的完整性。

8.1.3 生态系统服务以实物量计算为主、价值量计算为辅。

8.2 供给服务

8.2.1 供给服务主要以农产品供给和其他产品供给服务为表征。

8.2.2 农产品供给服务应按下式计算：

$$U_{农产品} = \sum_{i}^{n}(A_i \times S_i)(i=1, 2, \cdots, n) \quad (8.2.2)$$

式中：$U_{农产品}$ 为调查区域内年农产品产量（kg/a）；A_i 为第 i 种农产品面积（hm^2）；S_i 为第 i 种农产品单位面积平均产量 [$kg/(hm^2 \cdot a)$]。

8.2.3 其他产品供给服务应按下式计算：

$$U_{其他产品} = \sum_{j}^{n}(A_j \times V_j)(j=1, 2, \cdots, n) \quad (8.2.3)$$

式中：$U_{其他产品}$ 为项目区域内年其他产品产量（kg/a）；A_j 为第 j 种

其他产品种植面积(hm^2);V_j 为第 j 种其他产品单位面积产量 $[kg/(hm^2·a)]$。

8.3 调节服务

8.3.1 调节服务主要以调节水量和净化水质的水源涵养服务、固碳释氧服务及温度调节和增湿的气候调节服务为表征。

8.3.2 调节水量服务应按下式计算：

$$G_{调} = 10 \times A \times (P - E - C) \quad (8.3.2)$$

式中：$G_{调}$ 为评估绿地、林地年调节水量(m^3/a);P 为降水量(mm/a);E 为林分蒸散量(mm/a);C 为地表径流量(mm/a);A 为绿地、林地等的面积(hm^2)。

8.3.3 净化水质服务应按下式计算：

$$G_{净} = 10 \times A \times (P - E - C) \quad (8.3.3)$$

式中：$G_{净}$ 为评估绿地、林地年净化水质量(m^3/a),计算方式和参数同 $G_{调}$。

8.3.4 固碳服务应按下式计算：

$$U_{碳} = G_{碳} \times A \quad (8.3.4)$$

式中：$U_{碳}$ 为评估绿地、林地年固碳总量(t/a);A 为绿地、林地等的面积(hm^2);$G_{碳}$ 为评估绿地、林地单位面积年固碳量 $[t/(hm^2·a)]$。

8.3.5 释氧服务应按下式计算：

$$U_{氧} = G_{氧} \times A \quad (8.3.5)$$

式中：$U_{氧}$ 为评估绿地、林地年释放氧气总量(t/a);A 为绿地、林地等的面积(hm^2);$G_{氧}$ 为评估绿地、林地单位面积年释氧量 $[t/(hm^2·a)]$。

8.3.6 温度调节服务应按下式计算：

$$\Delta T = T_{S外} - T_{S内} \quad (8.3.6-1)$$

式中：ΔT 为降温幅度(℃)；$T_{S外}$ 为夏季绿地、林地、湿地周边日平均气温(℃)；$T_{S内}$ 为夏季绿地、林地、湿地内日平均气温(℃)。

$$\Delta T = T_{W内} - T_{W外} \quad (8.3.6-2)$$

式中：ΔT 为增温幅度(℃)；$T_{W内}$ 为冬季绿地、林地、湿地内日平均气温(℃)；$T_{W外}$ 为冬季绿地、林地、湿地周边日平均气温(℃)。

8.3.7 增湿服务应按下式计算：

$$\Delta M = M_{内} - M_{外} \quad (8.3.7)$$

式中：ΔM 为增湿幅度(%)；$M_{外}$ 为旱季绿地、林地、湿地内日平均相对湿度(%)；$M_{内}$ 为旱季绿地、林地、湿地周边日平均相对湿度(%)。

8.4 支持服务

8.4.1 支持服务主要以生物多样性维持服务为表征，且宜通过价值量计算。

8.4.2 生物多样性维持服务应根据项目区域内生物要素调查数据计算物种生物多样性指数进行测算，按下式计算：

$$U_{生物} = S_{生物} \times A \quad (8.4.2-1)$$

式中：$U_{生物}$ 为生物多样性维持价值年总量(元/a)；$S_{生物}$ 为单位面积生物多样性维持价值量[元/(hm² · a)]。

通过 Shannon-Wiener 指数确定单位面积物种多样性维持价值量，可按下式计算：

$$H' = -\sum_{i=1}^{s} P_i \ln P_i \quad (8.4.2-2)$$

式中:H' 为 Shannon-Wiener 指数;P_i 为第 i 种生物物种个体数占全部个体数的比例。

8.5 文化服务

8.5.1 文化服务主要以休闲旅游服务为表征,且宜通过价值量计算。

8.5.2 休闲旅游服务应按照下式计算:

$$U_r = (U_i + U_j + U_k + \cdots) \tag{8.5.2}$$

式中:U_r 为区域内年森林、湿地、农业等休闲旅游价值(元/a);U_i、U_j、U_k 为区域内林业、湿地、农业等旅游与休闲产业及森林康复疗养产业的价值,包括旅游收入、直接带动的其他产业的产值(元/a);i、j、k 等为不同收入项目类别,包括森林公园、湿地公园、休闲林地、农庄、民宿等。

9 调查成果

9.1 一般规定

9.1.1 调查成果应包括调查报告、调查图件和调查数据库。

9.1.2 调查成果内容和格式要求见附录E。

9.2 调查报告

9.2.1 调查报告内容应包括摘要、调查区域概况、调查技术方案、自然经济社会条件、景观格局、生物要素、环境要素及风险、调查结果及分析、结论与建议等。

9.2.2 调查报告应根据调查区域生态问题提出相应生态修复建议。

9.3 调查图件

9.3.1 基础分析图应包含区域水系图、社会经济现状图、一级生态系统类型图、植被覆盖图、生态安全格局图、生态系统服务图、重要物种空间分布图、农业面源污染风险识别图、农村废水风险识别图、工业源风险识别图、土壤环境质量分布图、地下水水质监测点现状分布图、地表水水质分布图、地表水监测断面分布图等（详见附录E中E.2.2）。

9.3.2 评价分析图应包含国土空间生态问题和风险识别与诊断图。

9.4 调查数据库

9.4.1 数据库应包括调查方案、调查报告、图件、栅格数据和矢量数据、元数据等。

9.4.2 电子数据应与纸质调查报告一致。

附录A 生态修复基底调查体系

表A 生态修复基底调查指标及对应的国土空间类型

目标层	指标层		生态空间	农业空间	城镇空间
	一级指标	二级指标			
自然经济社会条件	自然地理条件	地形地貌	▲	▲	▲
		自然资源	▲	▲	▲
		气候	△	▲	△
	经济社会条件	生态功能定位	▲	▲	▲
		人文风貌	△	▲	▲
		社会经济概况	△	▲	▲
		农业农村	/	▲	/
景观格局	景观组分	一级生态系统类型	▲	▲	▲
		植被覆盖率	▲	▲	▲
		不透水面覆盖率	△	△	△
	生态安全格局	生态源地	▲	▲	△
		生态廊道	▲	▲	▲
		生态夹点	▲	▲	▲
		生态障碍点	▲	▲	▲
	重要生境	生境热点	▲	▲	▲
		两栖爬行类生境连通性	▲	▲	▲
生物要素	物种多样性	物种名录表	▲	▲	△
	重要物种	重要物种分布图	▲	▲	△
		外来入侵物种	▲	▲	▲
	典型生物群落	典型生物群落分布图	▲	△	△

续表A

目标层	指标层		生态空间	农业空间	城镇空间
	一级指标	二级指标			
环境要素及风险	环境要素	土壤环境	△	▲	△
		地表水环境	△	▲	△
		地下水环境	△	△	△
	环境风险	农业面源污染风险	△	▲	△
		农村废水(生活污水)风险	△	▲	△
		工业源风险	△	△	▲
生态系统服务	供给服务	农产品供给	△	▲	/
		其他产品供给	▲	△	/
	调节服务	水源涵养	▲	▲	▲
		固碳释氧	▲	▲	▲
		气候调节	▲	▲	▲
	支持服务	生物多样性维持	▲	▲	▲
	文化服务	休闲旅游	▲	▲	▲

注:"▲"表示必选;"△"表示可选;"/"表示不调查。

附录B 生态系统分类与用地用海分类标准对照表

表B 生态系统分类与用地用海分类标准

生态系统分类				用地用海分类标准			
一级类		二级类		一级类		二级类	
代码	名称	代码	名称	代码	名称	代码	名称
1	农田	101	水田	1	耕地	101	水田
		102	水浇地			102	水浇地
		103	旱地			103	旱地
		105	沟渠	17	陆地水域	1705	沟渠
		106	后备耕地	23	其他土地	2302	后备耕地
		107	田坎			2303	田坎
2	园地	201	果园	2	园地	201	果园
		202	茶园			202	茶园
		203	橡胶园地			203	橡胶园地
		204	油料园地			204	油料园地
		205	其他园地			205	其他园地
3	森林	301	乔木林地	3	林地	301	乔木林地
		302	竹林地			302	竹林地
		303	灌木林地			303	灌木林地
		304	其他林地			304	其他林地
4	草地	401	天然牧草地	4	草地	401	天然牧草地
		402	人工牧草地			402	人工牧草地
		403	其他草地			403	其他草地
5	湿地	501	森林沼泽	5	湿地	501	森林沼泽
		502	灌丛沼泽			502	灌丛沼泽

续表B

生态系统分类				用地用海分类标准			
一级类		二级类		一级类		二级类	
代码	名称	代码	名称	代码	名称	代码	名称
5	湿地	503	沼泽草地	5	湿地	503	沼泽草地
		504	其他沼泽地			504	其他沼泽地
		505	沿海滩涂			505	沿海滩涂
		506	内陆滩涂			506	内陆滩涂
		507	红树林地			507	红树林地
6	水域	601	河流水面	17	陆地水域	1701	河流水面
		602	湖泊水面			1702	湖泊水面
		603	水库水面			1703	水库水面
		604	坑塘水面			1704	坑塘水面
		605	冰川及常年积雪			1706	冰川及常年积雪
7	村庄	701	农村居住用地	7	居住用地	703	农村宅基地
						704	农村社区服务设施用地
		702	农业设施建设用地	6	农业设施建设用地	601	农村道路
						602	设施农用地
8	城镇	801	城镇居住用地	7	居住用地	701	城镇住宅用地
						702	城镇社区服务设施用地
				8	公共管理与公共服务用地	801	机关团体用地
						802	科研用地
						803	文化用地
						804	教育用地
						805	体育用地
						806	医疗卫生用地
						807	社会福利用地

续表B

生态系统分类				用地用海分类标准			
一级类		二级类		一级类		二级类	
代码	名称	代码	名称	代码	名称	代码	名称
8	城镇	801	城镇居住用地	9	商业服务业用地	901	商业用地
						902	商务金融用地
						903	娱乐康体用地
						904	其他商业服务业用地
				13	公用设施用地	1301	供水用地
						1302	排水用地
						1303	供电用地
						1304	供燃气用地
						1305	供热用地
						1306	通信用地
						1307	邮政用地
						1308	广播电视设施用地
						1309	环卫用地
						1310	消防用地
						1311	水工设施用地
						1312	其他公用设施用地
				14	绿地与开敞空间用地	1403	广场用地
		802	工矿交通用地	10	工矿用地	1001	工业用地
						1002	采矿用地
						1003	盐田
				11	仓储用地	1101	物流仓储用地
						1102	储备库用地

续表B

生态系统分类				用地用海分类标准			
一级类		二级类		一级类		二级类	
代码	名称	代码	名称	代码	名称	代码	名称
8	城镇	802	工矿交通用地	12	交通运输用地	1201	铁路用地
						1202	公路用地
						1203	机场用地
						1204	港口码头用地
						1205	管道运输用地
						1206	城市轨道交通用地
						1207	城镇道路用地
						1208	交通场站用地
						1209	其他交通设施用地
				15	特殊用地	1501	军事设施用地
						1502	使领馆用地
						1503	宗教用地
						1504	文物古迹用地
						1505	监教场所用地
						1506	殡葬用地
						1507	其他特殊用地
		803	城镇绿地	14	绿地与开敞空间用地	1401	公园绿地
						1402	防护绿地
		804	其他城镇用地	16	留白用地		
				23	其他土地	2301	空闲地
9	其他	901	盐碱地	23	其他土地	2304	盐碱地
		902	沙地			2305	沙地
		903	裸土地			2306	裸土地
		904	裸岩石砾地			2307	裸岩石砾地

附录 C 调查样表

C.0.1 河道(湖泊)特性表见表 C.0.1。

表 C.0.1 河道(湖泊)特性表

序号	河道(湖泊)名称	水利片区	长度(m)	宽度(m)	水深(m)	常水位(m)	低水位(m)	高水位(m)	驳岸类型	水质

C.0.2 农业农村调查数据表见表 C.0.2。

表 C.0.2 农业农村调查数据表

所在区位	用地类型	作物(水产养殖)类型	种植(水产养殖)面积(m^2)	农药化肥和有机肥使用量	有机废弃物种类及资源化利用比例	尾水处理方式及比例

注：用地类型主要指耕地或水产养殖地。

C.0.3 生物多样性调查记录表见表C.0.3-1～表C.0.3-10。

表C.0.3-1 陆生植物调查表

_____区_____镇_____村　　　调查日期：_____　调查人：_____
用地类型：_____　　　群落类型：_____
调查地点经纬度：_____

树种编号	种名	数量	冠幅(m)	高度(m)	胸径(乔木)(cm)	盖度(灌木、草本)	生境	受威胁因素	备注

注：①群落类型：乔木、灌木、草本层主要的物种组成；②数量：物种的株(木本)、丛(草本)数；③分布方式：集中分布、片状分布、散生、零星分布；④盖度：指植物地上部分投影的面积占地面的比率,直接填百分比数值；⑤生境：沟渠、村边、路旁等；⑥受威胁因素：过度利用、生境破坏、病虫害等及潜在的威胁。

表C.0.3-2 名木古树调查表

_____区_____镇_____村　　　调查日期：_____　调查人：_____
调查地点经纬度：_____

编号	种名	胸径(cm)	冠幅(m)	高度(m)	生境	健康状况	备注

表 C.0.3-3　水生植物调查表

水域：_____　_____区_____镇_____村　调查地点经纬度：_____
调查日期：_____　调查人：_____

序号	种名	多度	盖度	生境	备注

注：生境为河边、河内、湖泊、水塘等。

表 C.0.3-4　样线(带)法鸟类调查记录表

样线(带)编号：_____　_____区_____镇_____村　日期：_____
天气：_____　能见度：_____
区域生境：_____　样带长：___m，宽：___m
记录时间：___时___分 至 ___时___分
调查地点经纬度：_____　调查人：_____

编号	种类名称	数量	观察距离(m)	行为	栖息生境	居留型	备注

注：①行为主要分为停歇、觅食和飞行三种；②生境主要分为水域、林地、草坪、灌丛和建筑物五种类型；③居留型分为留鸟、繁殖鸟、冬候鸟等。

表C.0.3-5 两栖爬行动物野外调查记录表

_____区_____镇_____村　　日期：_____　时间：_____
植被类型：_____　　调查方式及标准：_____
调查地点经纬度：_____　调查人：_____

编号	种类名称	记录方式	数量	主要生境	栖息地	备注

注：①记录方式：成体、幼体、蝌蚪、卵、鸣声等；②主要生境：林地、灌丛、农地、民宅、河流、湖泊、沼泽、临时水域、草丛；③栖息地：山坡、地面、水中（石上、石下、水面、水中）、水边（石上、土上、泥中）、树上（草、低矮树叶、树枝、高树叶）。

表C.0.3-6 哺乳类动物调查表

_____区_____镇_____村
调查地点经纬度：_____　调查日期：_____　调查人：_____

编号	种名	数量	生境类型	备注

表C.0.3-7 鱼类调查表

_____区_____镇_____村　水域名称：_____
调查地点经纬度：_____　调查日期：_____　调查人：_____

编号	种名	数量（尾）	栖息地生境	平均体长(cm)	平均重量(g)

表 C.0.3-8 昆虫调查记录表

_____区_____镇_____村 日期:_____ 时间:_____ 调查人:_____
植被类型:_____ 调查方式:_____
调查地点经纬度:_____

编号	种类名称	数量	生境类型	干扰类型	备注

注:生境类型:林地、灌丛、农地、民宅、河流、湖泊、沼泽、临时水域、草丛。

表 C.0.3-9 蚯蚓野外调查记录表

_____区_____镇_____村　　日期:_____ 时间:_____
土壤类型:_____ 采集方法:_____
调查地点经纬度:_____ 调查人:_____

编号	种类名称	地上植被类型	数量	体长(cm)	重量(g)

表 C.0.3-10 大型底栖动物野外调查记录表

_____区_____镇_____村　　日期:_____ 时间:_____
水体深度:_____ 底质类型:_____ 样品采集方式:_____
调查地点经纬度:_____ 调查人:_____

编号	种类名称	生境类型	数量	重量(g)

续表C.0.3-10

编号	种类名称	生境类型	数量	重量(g)

C.0.4 物种多样性名录见表C.0.4。

表C.0.4 物种多样性名录

生物类群	中文名	学名	是否为新纪录物种	是否为受威胁物种	是否为乡土物种	是否为外来入侵物种

注：生物类群指陆生维管束植物、水生维管束植物、鸟类、两栖类和大型底栖动物、爬行类、昆虫、大中型土壤动物、鱼类、浮游植物、浮游动物等。

附录 D 农业面源污染指数计算方法

D.0.1 农田氮/磷平衡量 I_1 按照下式计算：

$$A_1 = A_2/S \quad (D.0.1-1)$$

$$I_1 = \frac{A_1}{250P} \quad (D.0.1-2)$$

式中：A_1 为氮/磷使用强度（kg/hm^2）；A_2 为氮/磷使用量（纯量）（kg）；S 为耕地面积（hm^2）；P 为复种指数；I_1 为氮/磷强度指数；250 为氮/磷强度参比值（kg/hm^2）。

D.0.2 年植被覆盖度 I_2 通过本标准第 5.2.3 条调查得到。

D.0.3 降雨侵蚀指数 I_3 按照下式计算：

$$B_1 = \sum_{i=1}^{12} 0.3046 B_2 - 2.6398 \quad (D.0.3-1)$$

$$I_3 = B_1/100 \quad (D.0.3-2)$$

式中：B_1 为我国南方地区的年降雨侵蚀力值[$(J \cdot cm)/(hm^2 \cdot h)$]；$B_2$ 为多年月平均降雨量（mm）；I_3 为降雨侵蚀指数。

D.0.4 坡长坡度指数 I_4 按照下式计算：

$$I_4 = C/50 \quad (D.0.4)$$

式中：C 以数字高程模型为数据源，通过 ArcGIS 栅格邻域计算工具，取 7×7 窗口提取得到坡长坡度因子值；50 为坡长坡度因子参比值；I_4 为坡长坡度指数。

D.0.5 土壤可蚀性指数 I_5 按照下式计算：

$$I_5 = D/0.012 \quad (D.0.5)$$

式中:I_5 为土壤可蚀性指数;D 为不同类型土壤的可蚀性值;0.012 为土壤可蚀性参比值。

D.0.6 水田滞留指数 I_6 按照下式计算:

$$I_6 = 0.9401/E \quad (D.0.6)$$

式中:I_6 为水田滞留指数;E 为水田占耕地面积比例;0.9401 为水田比例参比值,即本市多年水田面积占耕地比例平均值。

D.0.7 水体容纳指数 I_7 按照下式计算:

$$I_7 = F_1/F_2 \quad (D.0.7)$$

式中:F_1 为年降水量;F_2 为年径流量。

附录 E　调查成果大纲与格式要求

E.1　调查成果大纲

E.1.1　摘要

简述项目概况、调查工作量、生态基底现状、主要生态问题与重要生态区域识别、结论与建议等。

E.1.2　调查区域概况

简述调查政策背景、任务来源、调查目标及委托要求。

简述调查范围地理位置、面积，涉及的行政区划、包含的城镇村数量、毗邻地区等情况，并分析区位优势、交通条件等。

简述项目规模、总体投资及其费用构成、建设内容等。

E.1.3　调查依据

简述调查依据的主要国家与地方性相关法律法规、规范标准、相关规划与收集参考资料等。

E.1.4　调查技术方案

E.1.4.1　调查区域

简述调查范围，应涵盖的国土空间类型（生态空间、农业空间和城镇空间）及其空间分布特征。明确项目范围及调查范围的空间关系，如有拓展范围，则说明。

E.1.4.2　调查内容

根据不同类型国土空间特征确定生态修复基底调查的内容，依据附录 A 所示自然社会经济条件、景观格局、生物要素、人居环境要素及风险的分级指标选择开展调查。

E.1.4.3　调查时间

简述项目批复时间及其工期要求；简述调查工作的起止时

间、主要工作节点与周期。

E.1.4.4 调查样线

简述调查样点、样线等的具体位置、数量、现场情况等相关信息。其中样点应明确点位坐标及所属生境类型,样带应利用 GPS 定位仪对其起点和终点进行定位,将样线线路附加到电子地图上。

E.1.4.5 调查方式

明确本次调查所采用的方法,包括资料收集与分析、现场调查等。现场调查包括踏勘普查、重点区域详查、抽样调查等。

E.1.4.6 其他

成果报告可附方案评审专家意见及其修改回复等资料。

E.1.5 自然经济社会条件

E.1.5.1 自然资源条件

简述调查范围所在区域的地形与地貌、气候与水文、水文地质、土壤、动植物等情况,形成河道(湖泊)特性表并绘制区域水系图[通过收集到的区域内河道(湖泊)现状分布 CAD 图进行绘制];简述土地、水、矿产、生物、光照等自然资源,以及生物多样性情况。

E.1.5.2 经济社会条件

简述土地规划与利用状况、人文风貌与城镇化水平,产业结构、城镇和乡村主导产业状况及发展趋势,城乡建设及基础设施建设等情况;说明上位规划对调查区域的生态功能定位和保护修复要求。

简述区域风景名胜、古迹文物保护、旅游资源、民族文化等情况。

简述调查范围内涉及的经济社会综合发展状况、财政收入、人口结构、农业生产现状等经济条件,形成农业农村调查数据表。

将调查区域内作物种类、畜禽以及水产养殖产量、农药化肥与有机肥使用量标注在土地利用现状图上。

E.1.6 景观格局
E.1.6.1 景观组分

依据本标准第5.2节及附录A要求,分析调查范围及其周边区域的一级生态系统类型、景观组分、水系分布与植被覆盖率等的空间位置、形态特征及其关联关系,计算不透水面覆盖率,分析一级生态系统单元内主要植物组成,提出生态问题。

根据分析结果,绘制一级生态系统类型图、植被覆盖图。

E.1.6.2 生态安全格局

依据本标准第5.3节及附录A要求,结合资料分析与外业调查,识别调查范围内自然保护区类型、数量及空间分布特点,分析景观连通性并评估生境质量,根据划分等级将重要级别以上的景观斑块作为生态源地。

重点分析辨识生态空间与农业空间的生态廊道、生态夹点与生态障碍点,城镇空间按需选择性分析。

辨析景观格局特征及其与周边区域的关系,分析空间特征和指标数据,评估景观格局现状,探明区域景观生态问题,绘制生态安全格局图。

E.1.6.3 主要生境

分析辨别以3种及以上的二级生态系统网格范围作为备选生境热点。结合本标准第6章生物要素调查,确定生境热点,绘制两栖爬行类空间分布及生境连通性图。

E.1.7 生物要素
E.1.7.1 物种多样性

依据本标准第6.2节及附录A要求,简述调查动植物的种类、数量、分布、生境等内容,形成物种生物多样性名录,每一物种应包含中文名、学名、是否为新记录物种、是否为受威胁物种、是否为乡土物种、是否为外来入侵物种等信息,分析各生物类群物种组成特征、优势物种、多样性指数、本土物种的赋存现状等。

E.1.7.2 重要物种和典型群落

依据本标准第6.3节及附录A要求,分析珍稀濒危生物、国家保护生物、古树名木以及外来入侵物种等重要物种数量和分布、种群结构和空间分布特征,分析其生存状态的生境特征,包括光温水土等环境因子和相关的生物因子,并绘制重要物种空间分布图(应包括地理位置、数量、保护等级或入侵危害等信息)。

分析区域典型群落物种组成、群落结构、生境特征以及地理位置等,形成典型群落分布图。

E.1.8 环境要素及风险

E.1.8.1 环境要素

依据本标准第7.1节、第7.2节及附录A要求,形成土壤环境样点图、地下水水质监测点分布图、地表水水质分布图、地表水监测断面分布图等图件。分析区域内水土质量现状,结合国内相关分析标准,评价水土质量等级。

E.1.8.2 环境风险

依据本标准第7.3节及附录A要求,简述区域内工农业生产生活污染来源与废水排放情况,根据第7.3.1条要求,计算农业面源污染风险指数、等级及输出负荷,形成农业面源污染风险识别图、农村废水(生活污水)风险识别图和工业源风险识别图等图件。

E.1.9 生态系统服务

依据本标准第8章及附录A要求,关注分析各国土空间类型的供给服务实物量(农产品及其他产品年产量)、调节服务实物量(包括调节水量、净化水质、固碳、释氧、调温与增湿等年度总量与幅度),并计算支持服务价值量(生物多样性维持服务价值量)和文化服务价值量(休闲旅游服务价值量)。基于一级生态系统类型,最终形成水源涵养服务功能分布图、固碳释氧服务功能分布图、气候调节服务功能分布图和生物多样性维持服务功能分布图等图件。

E.1.10 调查结果及分析

调查结果应基于一级生态系统类型,将生态安全格局、重要物种分布等空间分布图进行叠加分析,并根据分析结果评价调查范围内针对本附录第 E.1.5~第 E.1.9 条调查对象的生态基底现状,识别重要生态区域,分析是否存在主要生态问题。按本标准第 9 章要求编制成果报告,并提供相应成果图件与数据库。

E.1.11 结论与建议

基于调查区域自然经济社会条件和典型生态问题,综合确定调查区域在生态空间、农业空间和城镇空间的调查要素、指标及生态系统质量,分析生态环境胁迫要素,识别重要生态区域,评估生态系统受损、结构与功能紊乱或遭受生态风险的程度。

根据调查区域生态与环境问题,提出环境污染及风险治理修复、生境营建、群落构建、种群复壮等国土空间生态保护修复工程的规划设计建议,根据全域土地综合整治、山水林田湖草沙一体化保护和修复工程项目、郊野公园建设项目、低效建设用地减量化的不同类型项目特点,提出针对性修复方案、工程措施、跟踪监测等措施建议。

E.2 调查成果格式

E.2.1 调查报告

E.2.1.1 报告构成

报告按照封面、扉页、目录、报告正文(含参考文献)和附件顺序编排。封面和扉页宜按照现行行业标准《国土空间生态保护修复工程实施方案编制规程》TD/T 1068 的规定样式编排,报告正文最后可增加补充说明和参考文献名称。

E.2.1.2 成果命名

行政区域名称(上海市××区)+调查范围区域名称+工程类型。如:"上海市嘉定区+嘉北一期土地整治项目+生态基底调查报告"。

E.2.1.3　生态修复基底调查单元命名

调查范围区域名称＋一级生态系统。如"嘉北一期土地整治＋森林"。

E.2.1.4　层次划分与编号

正文按章节分级编制,正文采用三级标题,一级、二级、三级标题一律左起顶格书写,如第1章第2节,写成"1.2　编制原则"。

各级标题单独成行,与正文分开。根据情况可设或不设标题,但同一章中必须统一。

各级标题应在同一文件内自始至终连续排列,节的编号应在所属章内连续排列,其余类同。

E.2.2　附图

调查图件作为插图和附图放入报告中,包括基础分析图和评价分析图两类,可分为必选项和其他项。必选项是每个调查报告必须包含的工作,其他项目宜根据项目规模、特点与调查分析需要,选择或补充必要图件。

每类图件名称及编制要求见表 E.2.2。

表 E.2.2　图件清单

类别	名称	编制要求	备注
基础分析图	区域水系图	通过收集到的区域内河道(湖泊)现状分布 CAD 图进行绘制	▲
	社会经济现状图	以土地利用现状图为底图,将调查区域内作物种类、畜禽以及水产养殖产量、农药化肥和有机肥使用量标注在图中,并作注记或图例说明	▲
	一级生态系统类型图	以土地利用现状图为底图,标明调查范围,显示一级生态系统类型、分布、图例,必要的标注说明	▲
	植被覆盖图	以土地利用现状图为底图,标明调查范围,显示植被类型、分布、植被类型名称图例	▲

续表E.2.2

类别	名称	编制要求	备注
基础分析图	生态安全格局图	以一级生态系统类型图为底图,标明调查范围,显示景观生态格局类型、分布和名称图例	▲
	生境热点分布图	以一级生态系统类型图为底图,标明调查范围,显示生境特点类型、分布和名称图例	▲
	两栖爬行类空间分布及生境连通性图	以一级生态系统类型图为底图,标明调查范围,显示两栖爬行类空间分布和名称图例	△
	重要物种空间分布图	以一级生态系统类型图为底图,注明重要物种地理位置、数量、保护等级或入侵危害等信息	▲
	典型生物群落分布图	以一级生态系统类型图为底图,标明物种组成、群落结构、群落位置和范围等信息	▲
	生态系统服务图	以一级生态系统类型图为底图,根据分析结果绘制,分析结果图示清晰,注记、图例和说明明晰。包括固碳释氧功能分布图、水源涵养功能分布图、气候调节功能分布图和生物多样性维持功能分布图等	▲
	农业面源污染风险识别图	以相应基础图为底图,根据人居环境要素分析农业源环境风险结果绘制,分析结果图示清晰,注记、图例和说明明晰	▲
	农村废水风险识别图		△
	工业源风险识别图	以相应基础图为底图,根据人居环境要素分析工业源环境风险结果绘制,分析结果图示清晰,注记、图例和说明明晰	△
	土壤环境质量分布图	对基础图件中调查点位分布图中的调查点赋予不同要素属性,如非生物要素(土壤、地下水、地表水)浓度,以不同大小形状或颜色进行类别或级别区分,展示要素分布特点,图例和说明清晰	▲
	地下水水质监测点现状分布图		△
	地表水水质分布图		△
	地表水监测断面分布图	/	▲

续表E.2.2

类别	名称	编制要求	备注
评价分析图	国土空间生态问题和风险识别与诊断图	以相应基础图为底图,根据景观格局、生物要素、环境要素等调查结果绘制,分析结果图示清晰,注记、图例和说明明晰	▲
	其他	/	△

注:"▲"表示必选;"△"表示可选。

图件应内容全面、清晰,并与文本表述和相关数据保持一致,图件格式应满足国家及本市生态环境规划和国土空间规划相关制图规范。

1 以土地利用现状数据为底图,采用2000国家大地坐标系和1985国家高程基准作为空间定位基础。

2 底图要素宜包括制图区域的行政边界要素、自然地理要素、交通要素、用地和分区要素等,并应符合《市级国土空间总体规划制图规范(试行)》的相关规定;行政边界要素应表达镇级或街道级以上行政界线和政府驻地、制图区域行政界线的晕线、部分海岸线和市辖海域;自然地理要素应包括山体、水系;交通要素应表达现状机场、铁路及战场、轨道交通、港口码头、公路、城镇骨干路网,不同设施可选择性分类表达;用地和分区要素应表达现状生态空间、农业空间和城镇空间。

3 图幅配置内容应包括图名、图廓、指北针与风玫瑰图、比例尺、图例、署名和制图日期。

4 比例尺根据调查范围及相应制图规范确定,应能满足准确反映与调查内容有关各要素的上图要求,且不宜小于1∶5 000。

5 同一图件内注记字体种类不宜超过4种,不同图形文件内同类注记字体与字号应保持一致。

6 图件中的中文优先用宋体,可选用黑体、楷体、仿宋、隶书;西文和数字优先用Times New Roman,可选用Arial Black;底图要素中的注记文字以灰色、白色为主,并应与主要显示要素的文字在颜色、大小等方面有明显区别。

  7 行政边界要素应表达镇级或街道级以上行政界线和政府驻地、制图区域行政界线的晕线、部分海岸线和市辖海域；自然地理要素应包括山体、水系；交通要素应表达现状机场、铁路及战场、轨道交通、港口码头、公路、城镇骨干路网，不同设施可选择性分类表达；用地和分区要素：应表达现状生态空间、农业空间和城镇空间。

E.2.3 数据库

E.2.3.1 数据标准统一

  数据库应与国土空间规划"一张图"实施监督信息系统相衔接，按照国土空间基础信息平台和国土空间规划"一张图"的图层和数据标准，提供工程范围、生态修复基底调查单元及子项目边界范围的矢量数据。制作子项目时空布局图，标注子项目实施年份。

E.2.3.2 数据类型与格式

  数据类型包括调查方案和报告等文本文件、栅格和矢量图片资料、表格数据等格式。

  文本文件采用 *.doc、*.docx 或 *.pdf 格式，图片文件采用 *.jpg 格式，专题图采用 *.tiff 格式，表格采用 *.xls 或 *.xlsx 格式，矢量土层数据采用 shapefile、mdb 或 gdb 格式；非矢量数据库文件采用 *.mdb 格式。

  数据的坐标系统统一采用 2000 国家大地坐标系和 1985 国家高程基准作为空间定位基础，投影系统采用"高斯-克吕格"投影，分带采用"国家标准分带"。

E.2.3.3 数据库分类要素及属性

  生态修复基底调查要素分类大类采用面分类法，小类以下采用线分类法。根据分类编码通用原则，依次按大类、小类、一级类、二级类、三级类、四级类划分，分类代码采用十位数字层次码组成，其结构如下：

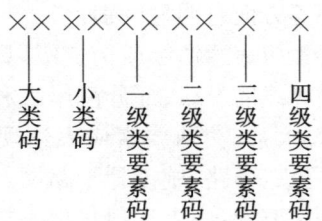

其中大类码为专业代码,设定为两位数字码,基础地理专业码为10,土地专业码为20,其他专业码为30。

小类码为业务代码,设定两位数字,空码以0补齐,分析评价的业务代码为80,国土空间规划的业务代码为90。

一至四级类码为要素分类代码,一级类码为两位数字码、二级类码为两位数字码、三级类码为一位数字码、四级类码为一位数字码,空位以0补齐。

基础地理要素的一级类码、二级类码、三级类码、四级类码引用现行国家标准《基础地理信息要素分类与代码》GB/T 13923 中的基础地理要素代码结构与代码。

各要素类中如含有"其他"类,则该类代码直接设为"9"或"99"。

本标准用词说明

1 为便于在执行本标准条文时区别对待,对要求严格程度不同的用词说明如下:
1) 表示很严格,非这样做不可的用词:
正面词采用"必须";
反面词采用"严禁"。
2) 表示严格,在正常情况均应这样做的用词:
正面词采用"应";
反面词采用"不应"或"不得"。
3) 表示允许稍有选择,在条件许可时首先应这样做的用词:
正面词采用"宜";
反面词采用"不宜"。
4) 表示有选择,在一定条件下可以这样做的用词,采用"可"。

2 条文中指明应按其他有关标准、规范和规定执行的写法为"应符合……的规定(要求)"或"应按……执行"。

引用标准名录

1. 《土壤环境质量　建设用地土壤污染风险管控标准(试行)》GB 36600
2. 《土壤环境质量　农用地土壤污染风险管控标准(试行)》GB 15618
3. 《地下水质量标准》GB/T 14848
4. 《地表水环境质量标准》GB 3838
5. 《生物多样性观测技术导则　陆生维管植物》HJ 710.1
6. 《生物多样性观测技术导则　水生维管植物》HJ 710.12
7. 《生物多样性观测技术导则　鸟类》HJ 710.4
8. 《生物多样性观测技术导则　两栖动物》HJ 710.6
9. 《生物多样性观测技术导则　内陆水域鱼类》HJ 710.7
10. 《生物多样性观测技术导则　蝴蝶》HJ 710.9
11. 《生物多样性观测技术导则　蜜蜂类》HJ 710.13
12. 《生物多样性观测技术导则　大中型土壤动物》HJ 710.10
13. 《生物多样性观测技术导则　淡水底栖大型无脊椎动物》HJ 710.8
14. 《淡水浮游生物调查技术规范》SC 9402
15. 《土壤环境监测技术规范》HJ/T 166
16. 《建设用地土壤污染风险管控和修复监测技术导则》HJ 25.2
17. 《地下水环境监测技术规范》HJ 164
18. 《地表水和污水监测技术规范》HJ/T 91
19. 《流域农业面源污染监测技术规范》NY/T 3824

20 《全国生态状况调查评估技术规范——生态系统质量评估》HJ 1172
21 《国土空间生态保护修复工程实施方案编制规程》TD/T 1068

上海市工程建设规范

国土空间生态修复基底调查技术标准

DG/TJ 08—2448—2024
J 17670—2024

条文说明

2024　上海

目 次

1 总　则 …………………………………………………… 63
3 基本规定 ………………………………………………… 64
　3.1 调查内容 …………………………………………… 64
4 自然经济社会条件 ……………………………………… 66
　4.2 自然地理条件 ……………………………………… 66
　4.3 经济社会条件 ……………………………………… 66
5 景观格局 ………………………………………………… 68
　5.2 景观组分 …………………………………………… 68
　5.3 生态安全格局 ……………………………………… 68
　5.4 重要生境 …………………………………………… 70
6 生物要素 ………………………………………………… 71
　6.1 一般规定 …………………………………………… 71
　6.2 物种多样性 ………………………………………… 71
　6.3 重要物种和典型生物群落 ………………………… 71
7 环境要素及风险 ………………………………………… 72
　7.1 一般规定 …………………………………………… 72
　7.2 环境要素 …………………………………………… 72
　7.3 环境风险 …………………………………………… 72
8 生态系统服务 …………………………………………… 74
　8.1 一般规定 …………………………………………… 74
　8.2 供给服务 …………………………………………… 74
　8.3 调节服务 …………………………………………… 75
　8.4 支持服务 …………………………………………… 76
　8.5 文化服务 …………………………………………… 76

Contents

1 General provisions ·· 63
3 Basic requirements ··· 64
　3.1　Survey content ·· 64
4 Natural and socio-economic conditions ························· 66
　4.2　Physical geographical conditions ························· 66
　4.3　Economic and social conditions ························· 66
5 Landscape patterns ·· 68
　5.2　Landscape components ······································ 68
　5.3　Ecological security patterns ······························· 68
　5.4　Crucial habitats ·· 70
6 Biological elements ·· 71
　6.1　General requirements ·· 71
　6.2　Species diversity ··· 71
　6.3　Important species and typical biomes ·················· 71
7 Environmental elements and risks ································ 72
　7.1　General requirements ·· 72
　7.2　Environmental elements ····································· 72
　7.3　Environmental risks ·· 72
8 Ecosystem services ·· 74
　8.1　General requirements ·· 74
　8.2　Supply services ·· 74
　8.3　Regulating services ··· 75
　8.4　Support services ··· 76
　8.5　Cultural services ··· 76

1 总 则

1.0.2 本条规定了本标准的适用范围。

本标准所称各类国土空间生态修复项目是依据《上海市国土空间生态修复专项规划(2021—2035年)》设立的国土空间生态修复项目。

1.0.3 本条规定了本标准的使用限制性。

国家、行业和本市现行有关标准包括自然资源部《山水林田湖草生态保护修复工程指南(试行)》《全域土地综合整治试点实施方案编制大纲(试行)》及《国土空间生态保护修复工程实施方案编制规程》TD/T 1068、《土地整治生态工程规划设计规范》DG/TJ 08—2344等。

3 基本规定

3.1 调查内容

3.1.3 调查单元划分

根据国家对国土空间生态修复的相关要求,基于生态学相关理论,国土空间生态修复是对生态功能退化、生态系统受损、空间格局失衡、自然资源开发利用不合理的生态、农业、城镇国土空间进行统筹和科学开展山水林田湖草一体化保护修复的活动。全域土地综合整治作为本市陆域范围内主要国土空间生态修复类型,从空间尺度上涉及生态学组织层次的景观和生态系统两个层次。首先要从景观层次调查评价镇域尺度空间格局失衡状况,然后在生态系统层面通过生物要素及其环境要素的调查,判定生态系统功能退化、结构受损的程度,最后结合自然经济社会条件调查,识别自然资源开发利用不合理的主要表现形式以及影响生态系统多样性、稳定性和持续性的风险,进而为镇域整体范围内开展景观格局优化、生态系统修复/恢复/重构、群落构建和种群复壮、人类空间利用行为管控等保护修复工作提供依据。

参照现行行业标准《全国生态状况调查评估技术规范——生态系统质量评估》HJ 1172 对于全国生态系统分类体系,结合上海大都市区人类活动对生态系统的干扰和塑造实际,按照"结构与功能相结合""等级层次性""人类主导与自然表征相结合"等原则,将上海陆域调查单元分为一级生态系统和二级生态系统两个层级。一级生态系统类型按生态系统类型划分,包括 9 类:农田、园地、森林、草地、湿地、水域、村庄、城镇、其他。二级生态系统与自然资源部《国土空间调查、规划、用途管制用地用海分类指南》

用地用海分类中的二级类相对应。景观格局调查、生态系统服务调查主要基于一级生态系统类型,生物要素调查、环境要素及风险调查主要基于二级生态系统类型。

4 自然经济社会条件

4.2 自然地理条件

4.2.2 地形地貌数据可来源于《上海市第一次地理国情普查公报》及航空遥感等。

4.2.3 地质数据可来源于上海地质资料信息共享平台，耕地质量等级可来源于规划和自然资源局或农业农村委，土壤质量数据可来源于生态环境局或农业农村委。

4.2.4 地表水系情况可来源于《上海市防洪除涝规划（2020—2035年）》、各区水利规划、各镇域水利规划和水文站监测数据。水文地质数据可来源于上海地质资料信息共享平台。区域水系图应通过收集到的区域内河道（湖泊）现状分布 CAD 图进行绘制。

4.2.5 区域气象资料与历年灾害情况可来源于本市及各区统计年鉴。

4.2.6 绿化林业数据可来源于《上海市绿化市容行业年鉴》《上海市城市森林生态系统服务价值评估》和各区统计年鉴。

4.3 经济社会条件

4.3.2 调查区域内人口数量及密度结构、就业与工资、国民经济核算、人民生活情况、城市建设情况等可参考由区镇政府发布的《国民经济与社会发展统计公报》《统计年鉴》，调查范围应以镇域为主，兼顾区级和村级；产业形态、主导产业及其布局、重要基础设施布局及建设情况等，可进一步从区镇国土空间总体规划、郊野单元村庄规划等资料中获取。

4.3.3 调查区域相关规划资料主要包括《上海市城市总体规划（2017—2035年）》、区级国土空间总体规划、镇级国土空间总体规划以及郊野单元村庄规划，《上海市国土空间生态修复规划（2021—2035年）》《上海市生态空间专项规划（2021—2035年）》及区级相关生态规划等，对所处的生态空间类型、国土空间生态修复分区类型，调查区域本底特征、主要生态问题和修复方向进行分析，明确调查区域相关生态指标，如区域生态网络结构及其定位、森林覆盖率、生态空间用地占比、河湖水面率、生态岸线恢复率、城市建成区达到海绵城市要求的面积比例等。

4.3.4 上海乡村风貌文化圈层分别为冈身松江文化圈、淞北平江文化圈、沿海新兴文化圈和沙岛文化圈。乡村历史文化资源调查可参照《上海市郊野乡村风貌规划设计导则》、地方志、《上海乡村传统建筑元素》（上海市规划和自然资源局编著）等。

4.3.5 区域内作物类型和播种面积可主要参考《上海市第三次农业普查主要数据公报》《统计年鉴》；区域内畜禽水产养殖面积和产量可参考《上海市养殖水域滩涂规划》《区级养殖水域滩涂规划》；农药化肥和有机肥使用量，有机废弃物的种类、数量及资源化利用比例，生活污水收集、处理方式和比例等，宜通过实地走访的方式得出。

5 景观格局

5.2 景观组分

5.2.3 植被覆盖

1 植被覆盖现状调查应明确所涉区域的林地、绿地、湿地等二级生态系统类型的斑块分布,并调查明确斑块的主要植物组成,如乔木层、灌木层和草本层的3种～5种优势植物。

2 主要斑块的主要植物组成可通过低空航测影像和地面抽样调查确定。

5.2.4 不透水面

通过基于区域土地利用现状图的不透水面覆盖率进行测算。主要建设用地的不透水面比例主要根据附属绿地比例的设计建设标准、规范与法规进行设定,如《上海市绿化条例》、国家标准《城市绿地规划标准》GB/T 51346—2019等。

5.3 生态安全格局

5.3.3 生态源地识别

1 间接识别指通过构建综合评价体系来识别生态源地,主要从景观连通性、生态服务功能重要性等方面展开。

2 不同权重代表源地识别体系对于自然环境与人类需求的重要程度。

　　1)景观连通性是表征自然生态系统物质、能量流动困难程度的指标。

　　2)自然断点法指利用地理信息系统软件通过给定的自然

断点实现对空间数据的分割。

5.3.4 景观连通性采用能够同时衡量区域整体与单个斑块连通性高低的连通性指数(PC)和斑块重要性指数(dPC)进行分析。PC值范围为0到1,值越大,区域景观连通性越强;dPC值越大,斑块对连通性的贡献度越高,重要性程度越强。斑块重要性为去掉某斑块后整体区域连通性变化百分比,代表单个斑块对于整个研究区域连通性的重要性高低。

5.3.6 生态廊道识别

1 阻力面反映了物种在异质景观中迁移和能量流动的成本。阻力值通常受土地利用方式、地形地貌特征以及人类活动影响。相对于生境质量而言,生境质量越高,代表该地区生存条件的适宜性越好,对于物种迁移的阻碍作用越弱。据此,采用生境质量反比来表征物种间的阻碍作用。

2 利用物理学中电子在电路中随机游走的特性模拟识别生态廊道的过程如下:将物种个体或基因流视为电子,景观视为电导面(类似于景观阻力面),利于物种迁移扩散的景观类型被赋予较低的电阻,景观中生境质量较好的斑块称之为节点,每个生态源被视为一个电路节点。生境质量越高、越有利于物种迁移,电导率越大,由此,两个节点间的连通性、潜在路径数量可以通过电流电压反映,电流代表物种迁移的数量和概率,电压代表斑块之间的差异性。模拟时,将部分节点接地,向其他节点输入电流,结合给定的每一个栅格的电阻值,可以计算出节点间的电流密度值,其大小表征物种沿某一路径迁移扩散概率的大小。基于此,即可识别出调查区域的重要生态廊道。

3 建议采用 Invest 模型的生境质量(Habitat Quality)模块对生境质量进行计算。

4 各土地利用类型对应的景观阻力值详见表1。

表1 各土地利用类型对应的景观阻力值(R)

土地利用类型	农田	园地	森林	草地	湿地	水域	村庄及城镇	其他	未利用地
基本阻力值	30	150	1	10	25	50	500	450	300

5.3.7 生态夹点通常分布在生态廊道中,是电流流动的高频区域,具有高电流密度性和不可替代性,该区域的退化或损失极有可能切断生态源地之间的连通,应优先进行保护。

5.3.8 生态障碍点是生态流在生态源地间流通遭到阻碍的区域。改善或消除它们,可以大大减少生态过程的阻力,有效改善景观连接,从而提高区域的生态安全水平,是需要优先进行修复的重点区域。障碍点通过计算去除障碍斑块后的累计电流恢复值大小识别,值越大代表去除或恢复障碍斑块后景观整体连通性的改善越显著。

5.4 重要生境

5.4.2 生境热点是一种空间概念,即生境类型多样且集中的空间,具有潜在的相对较高的生物多样性水平。生境热点分析技术可快速量化识别评估区域内的生境多度及其空间分布情况,对开展生物多样性抽样调查、规划生态保护恢复范围、优化设施选址选线等工作,具有较高的实用价值和引导作用。

5.4.3 两栖爬行类是农田生态系统中的关键生物类群,农田生态系统中的生境丧失和破碎化是两栖爬行类种群衰退和灭绝的主要原因。由于两栖爬行类特殊的生活史,需要在水、陆生境间迁移扩散,不合理的道路、沟渠等均会对其生存和活动造成阻碍,需要对其生境连通性开展调查。

6 生物要素

6.1 一般规定

6.1.2 生物要素的调查范围一般为项目所在区,但如果周边有重要的生态源地,可适当扩大调查范围。

6.2 物种多样性

6.2.1 陆生维管束植物、水生维管束植物、鸟类、两栖类和大型底栖动物是指示陆域和水体生态环境质量的重要物种,作为调查的必选项;可选项中的昆虫指蜜蜂和蝶类,大中型土壤动物主要指蚯蚓。

6.3 重要物种和典型生物群落

6.3.1 珍稀濒危生物、国家保护生物、外来入侵物种以及古树名木对生态系统结构稳定性和生态服务功能可持续性具有决定性作用,作为重要物种开展调查,了解其数量及其分布。

7 环境要素及风险

7.1 一般规定

7.1.1 环境风险为由人类活动引起的或人类活动与自然运动共同作用造成的,对生物及其环境可能产生不良后果的行为,包括农业面源污染、农村废水(生活污水)风险和工业源风险。

7.2 环境要素

7.2.1 环境要素调查应充分收集土壤普查数据、土壤污染状况普查(详查)数据、地表水环境质量监测数据。对于调查范围内存在较大污染的区域,环境要素调查可加密布点。

7.3 环境风险

7.3.1 农业面源污染风险调查

1 肥料强度指数是指调查区域内单位面积耕地实际用于农业生产的化肥投入压力。化肥施用量要求按折纯量计算,折纯量是指将氮肥、磷肥按含氮、含五氧化二磷的百分之百成分进行折算后的数量。按照国家级生态乡镇、生态县建设指标,化肥使用风险值为 250 kg/hm^2,归一化最大值选用风险值。

2 年植被覆盖度指一年内农作物在地面的垂直投影面积占统计区农田总面积的百分比。

3 降雨侵蚀指数是指调查区域内由降雨引起的土壤侵蚀的能力,从定量的角度评估降雨对土壤颗粒分离和搬运的作用。

4 坡长坡度指数是指调查区域内不同坡长坡度下对坡面土壤侵蚀量大小。

5 土壤可侵蚀性指数指调查区域内土壤性质差异引起的抗水蚀能力。

6 水田滞留指数指调查区域内水田滞留、消纳氮磷的能力,由水田面积占耕地面积决定。

7 水体容纳指数是指调查区域内水体纳污净化的能力。

8 生态系统服务

8.1 一般规定

8.1.1 本标准生态系统服务主要选取一级生态系统类型及其关键生态系统服务功能进行调查与分析。相关方法可参考现行国家标准《森林生态系统服务功能评估规范》GB/T 38582 和现行行业标准《湿地生态系统服务评估规范》LY/T 2899,并结合上海森林、湿地和农田等实际主导生态系统服务功能。供给服务是指人类从森林、湿地、农田等生态系统获得的产品生产服务,本标准指农产品和其他产品等。调节服务是指人类从森林、湿地等生态系统过程的调节功能中获得的福祉,本标准指涵养水源、固碳释氧、气候调节等。支持服务是指森林、湿地等生态系统提供和支撑其他服务而必需的基础服务,本标准指生物多样性维持。文化服务是指人类从湿地、森林等生态系统中获得非物质福祉,本标准以休闲旅游服务价值计算为代表。

8.2 供给服务

8.2.2 农产品供给服务
主要为农田生态系统的农产品供给,如稻谷、蔬菜等供给。
8.2.3 其他产品供给服务
1 主要为林地中产生的非木材产品,包括对木材以外源于森林或森林树种的各式各样的、植物资源的总称。
2 本标准中包含经济果林(柑橘、桃、梨等)、苗圃林,小部分林下种养殖产业(如花卉、菌菇类、禽类等)。种植面积可通过当地林业资源数据库或林业部门和农业部门获取。

8.3 调节服务

8.3.2 调节水量服务

1 调节水量的实物量为项目区域降水量与林分蒸散量和地表径流量的差值计算。降水量、蒸散量、地表径流量等单位为 mm 或 L/m^2。

2 降水量参数采用本地区当年度平均降雨量,林分蒸散量参数参照国家不同森林类型参考值(表2),地表径流量参数为林分地表径流,一般为裸地的 5%～25%,裸地地表径流一般为 470 mm 左右。

表2　不同森林类型林分蒸散量

森林类型	松	杉	硬阔	软阔	针叶混	阔叶混	针阔混	竹林	经济林	灌木林
蒸散率(%)	66.0	77.3	49.6	58.9	73.5	69.6	71.6	65.0	65.9	65.0
年蒸散量(mm)	720.7	844.1	541.6	643.2	802.6	760.0	781.3	709.8	719.6	709.8

8.3.4,8.3.5 固碳释氧服务

1 单位面积年固碳量和单位面积年释氧量参数可参考本市绿化和市容管理局发布的《上海市城市森林生态系统服务价值评估》。

2 根据相关文献资料和已发布报告,本市绿地、林地单位面积年固碳量(CO_2)区间为 90 t/(hm^2·a)～250 t/(hm^2·a),绿地、林地单位面积年释氧量(O_2)区间为 65 t/(hm^2·a)～165 t/(hm^2·a)。

8.3.6,8.3.7 气候调节服务

1 计算实物量采用便携式小型气象监测站进行温度调节幅度参数获取,也可通过本区域相关研究文献确定参数。

2 采用便携式小型气象监测站进行增湿幅度参数获取,也可通过本区域相关研究文献确定参数。

8.4 支持服务

8.4.2 生物多样性维持服务

1 主要根据区域生物要素调查结果,分析高等植物和脊椎动物中的珍稀濒危物种种类及其数量。

2 采用Shannon-Wiener指数表征生物多样性指数,不同指数的单位面积生物多样性维持价值量如表3所示。

表3 生物多样性指数等级划分及其物种保有价值量

等级	Shannon-Wiener 指数	单位面积生物多样性维持价值量[元/(hm^2·a)]
Ⅰ	指数≥6	50 000
Ⅱ	5≤指数<6	40 000
Ⅲ	4≤指数<5	30 000
Ⅳ	3≤指数<4	20 000
Ⅴ	2≤指数<3	10 000
Ⅵ	1≤指数<2	5 000
Ⅶ	指数<1	3 000

8.5 文化服务

8.5.2 休闲旅游服务

1 计算采用影子价格法。对于收费公园,休闲旅游的价值量直接按照公园门票收入计量;对于非收费公园,其价值量参考收费公园,单一人次的游憩价值按照15元计算。

2 不同类型的旅游价值可通过项目区域内涉及生态资源的旅游项目调查获取,并根据直接产值或游客人数统计数据进行计算。